하나님은 당신을 향한

놀라운 계획을 가지고 계십니다

<table><tr><td></td><td>님께 드립니다</td></tr></table>

- 착하고 성실하게 살아도 일이 뜻대로 되지 않고 자꾸만 어려움이 와요.

- 삶이 무의미하고 너무 허무해요.

- 환상, 환청, 정신병, 노이로제, 신경성 질환, 병명도 없는 병 때문에 삶이 고통스러워요. 사주팔자, 운명에 매여 미래가 항상 불안해요.

- 육신의 쾌락을 즐겨 봐도 마음이 평안하지 않고 나 자신을 이기지 못해 무척 괴로워요.

- 가정에 늘 문제가 많아 가출하고 싶고, 불안하고 초조해서 자살하고 싶은 충동이 들 때가 많아요.

- 원하지 않지만 어쩔 수 없이 무속 일을 하고 있어요.

- 술, 담배, 도박, 마약, 습관성 약품을 끊지 못해서 고통스러운 삶을 살고 있어요.

- 돈도 많고 인기와 명예도 있지만, 참된 행복이 없어 외롭고 공허해요.

- 가문 대대로 내려오는 재앙이 나에게 올까봐 늘 두려움 속에서 가슴 졸이며 살고 있어요.

혹시 당신은 여러 가지 문제로 괴로워하거나
고민하고 있지는 않으십니까?

　사람들이 저마다 인생의 참된 행복과 안식을 얻기 위해 답을 찾아 헤매고 있습니다. 그런데도 우리의 삶은 늘 고통의 연속이며 인간의 힘으로는 해결할 수 없는 고민과 문제로 어려움을 겪으며 살아가고 있습니다.

　지금부터 당신이 읽게 될 이 책에는 아들 둘을 잃을 뻔한 어머니의 이야기, 사고가 끊이지 않는 집안의 이야기, 곧 죽을 운명에 처한 아주머니의 이야기, 손 없는 날을 택해 이사를 해야 했던 동네 아저씨의 이야기 등 우리 주위에서 흔히 볼 수 있는 사람들의 이야기가 담겨 있습니다. 이 이야기를 통해 당신은 어떻게 하면 위기에서 빠져나올 수 있는지 알게 될 것입니다. 수많은 사람이 이 놀라운 소식을 들은 후, 행복하고 축복된 인생을 살게 된 것을 보았습니다. 이 책 속에서 당신의 인생에 관한 완전한 해결책도 찾게 되기를 바랍니다.

　당신의 삶 속에 참된 행복과 평안이 임하기를 간절히 기도하며 이 책을 드립니다.

운명을
바꾼
선택

　운명을 바꾼 선택

운명에 빠져 있는

사람들

아들 둘을 잃을 운명

20여 년 전, 길을 가는데 아파트 입구에 어떤 아주머니가 주저앉아서 울고 있었습니다. 저는 깜짝 놀라 왜 그렇게 슬피 울고 있느냐고 물었습니다. 아주머니는 한 손으로 눈물을 훔치고는 하소연을 늘어놓았습니다.

"예전에 저의 큰아이가 그만 아파트에서 떨어져 죽었어요."

"아…… 그랬군요. 그런데 지금은 왜 그렇게 울고 계세요?"

"스님이 지나가면서 내 관상을 보더니 둘째 아들도 곧 죽겠다고 하네요. 그러면서 저더러 절에 들어오라는 거예요."

아주머니는 일어나지도 않은 일을 마치 일어난 일인 것처럼 이야기하며 미리 겁을 먹고 두려움에 떨고 있었습니다.

"그래요? 그럼 제가 절대로 죽지 않는 길을 알려드리겠습니다."

그분은 깜짝 놀라면서 저를 뚫어지게 쳐다보았습니다.

"아주머니, 성경에는 예수 그리스도를 믿고 영접하는 사람은 하나님 자녀가 되어 죽음에서 해방된다고 말씀하고 있습니다. 예수님을 믿으면 됩니다."

저는 세상에서 가장 복된 소식을 아주머니에게 전해드렸고, 차근차근 제 이야기에 귀를 기울이고 있던 그 아주머니는 잠시 후 예수 그리스도를 구주로 영접했습니다. 그리고 며칠 후에는 그 가족까지 구원을 받게 되었습니다.

사고가 끊이지 않는 집안

한번은 배를 여러 척 소유하고 있는 큰 부자를 만난 적이 있습니다. 그런데 이상하게도 이분에게는 하루가 멀다 하고 배 사고가 일어났습니다. 너무 답답해서 점을 보러 갔는데 예전에 가족 중에 한 사람이 물에 빠져 죽어서 그 영혼을 건져내는 굿을 해야 한다는 말을 들었습니다. 그런데 한 번 굿을 하는데 무려 3천만 원을 내야 한다는 것입니다. 결국 다른 방법이 없었기에 거액을 들여 영혼을 건져내는 굿을 했습니다.

그 후에 별다른 변화를 느끼지 못한 그분은 제게 예배를 드려달라고 요청을 하셨습니다. 그 집에 가보고 저는 깜짝 놀랐습니다. 한쪽 벽면에 170만 원짜리, 200만 원짜리 부적이 두 개씩이나 크게 붙어있었습니다. 심지어는 음식물을 먹다가 죽을까봐 냉장고에도 부적을 코팅해서 붙여놓았습니다. 그래서 제가 그분에게 그 문제를 완전히 끝내 드리겠다고 말했습니다.

"지금부터 다시는 이런 일이 일어나지 않게 해 드리겠습니다."

예수 그리스도는 모든 문제를 해결할 능력이 있는 분이시기 때문입니다.

그분은 바로 그날, 예수님을 구주로 영접하고 하나님 자녀가 되었습니다.

그 후로 몇 년이 지나는 동안 그분은 완전히 변화되었습니다. 예전에는 늘 찡그리고 다녔지만, 예수님을 알고 나서부터는 얼굴이 활짝 펴졌습니다. 또 온 동네를 다니면서 만나는 사

예전에 가족 중에 한 사람이 물에 빠져 죽어서 그 영혼을 건져내는
굿을 해야 한다는 말을 들었습니다.

람에게 항상 복음을 자랑했습니다. 그 집안에도 하나님의 역사가 계속해서 일어나고 그분들 때문에 여러 사람이 구원받는 일까지 생겼습니다.

그분이 집사 직분을 받고 얼마 지나지 않아, 저에게 자신이 소유하고 있는 큰 배에서 예배를 한 번 더 드려달라고 했습니다. 예배를 마치고 오는데, 그 집사님이 제게 이런 말을 했습니다.

"목사님, 제가 예수님을 믿고 나서 놀란 것 3가지가 있습니다."

"그게 뭡니까?"

"첫 번째로 복음을 알고 나니 이렇게 좋을 수가 없습니다. 정말 날아갈 것 같습니다. 두 번째는 예수 믿는 사람들이 집에 와서 기도해주는 것이 너무나 고맙습니다. 세 번째는 굿을 하면 큰 돈을 내야 하는데, 목사님은 귀한 말씀을 주시고도 돈을 받아 가지 않으시네요. 허허허."

가슴 철렁하게 만든 점괘

영도의 유명한 관광지에서 가게를 운영하고 있던 부부가 있었습니다. 휴일이면 발 디딜 틈이 없을 정도로 관광객들이 몰려와서 장사가 꽤 잘 되었습니다.

그런데 큰일이 벌어졌습니다. 어느 날 부인이 친척 결혼식에 갔다가 오랜만에 어머니를 만났는데 어머니가 이분의 손을 잡고 눈물을 흘리는 것이었습니다.

"왜 그러세요, 어머니?"

"얘야, 이 일을 어떻게 해야 좋을지 모르겠다. 이 얘기를 할 수도 없고, 안 할 수도 없고 어쩔거나, 어쩔거나……."

"어머니, 저는 괜찮으니까 얼른 말씀해 보세요."

"내가 광주에서 아주 유명한 점쟁이한테 일 년에 한 번씩 꼭 점을 치러 가지 않니? 그런데 네 이름을 넣었더니 글쎄, 네가 9월에 죽는다는구나. 아이고, 이 일을 어쩌면 좋니?"

"네? 제가요?"

부인은 별일 아니라고 넘겨버리려고 했지만, 그 말이 계속 맴돌아 기분이 무척 나쁘고 이상했습니다. 그래서 물 한 모금 마시지 않고 그냥 집으로 돌아오고 말았습니다.

남편이 보니 부인의 안색이 좋지 않았습니다.

"당신, 무슨 일 있소?"

"여보, 글쎄 어머님이 점을 보러 가셨는데 내가 9월에 죽는다고 하지 뭐예요? 그것도 광주에서 용하기로 소문난 점쟁이가 그랬다고 하네요. 어쩜 좋아요, 우리 애들도 있는데……."

그 말을 들은 남편은 혹시나 하는 마음으로 부산의 유명한 점쟁이에게 점을 쳐보자고 했습니다. 그런데 이게 웬일입니까! 점을 치러 갈 때는 다른 점괘가 나오길 기대하고 갔는데 똑같은 점괘가 나온 것입니다. 광주와 부산의 유명한 점쟁이가 점을 쳐서 똑같은 점괘가 나왔으니 얼마나 두렵고 떨렸겠습니까!

"신이 너무 노해서 그러니 노를 풀어 봅시다."

점쟁이는 부부에게 200만 원짜리 굿을 하자고 요청했습니다. 당시만 해도 그 돈은 꽤 큰 액수였습니다. 목요일에 굿을 하기로 날을 정했는데 수요일에 일이 벌어졌습니다.

우리 교회의 연세 높은 권사님이 라면을 사러 그 가게에 들르게 되었습니다. 권사님은 라면값을 내면서 아주머니에게 "예수 믿으세요."라는 한마디를 던졌습니다. 그냥 지나칠 수 있는 말이었는데도 그 말이 아주머니의 가슴에 꽂혔습니다.

"할머니, 예수를 믿으면 어떻게 됩니까?"

"예수님을 믿으면 하나님의 딸이 되지요."

"하나님의 딸이 된다는 것은 무슨 뜻이에요?"

"하나님의 딸이 하나님의 딸이지요. 예수님을 믿으면 됩니다."

이분은 너무 답답해서 무슨 말이라도 듣고 싶었던 것입니다.

"할머니, 여기 좀 앉아보세요. 내가 유명한 점쟁이 두 사람한테서 점을 봤는데 내가 9월에 죽는다고 똑같이 점괘가 나와서 내일 굿을 하기로 했습니다. 그런데 예수를 믿으면 어떻게 됩니까?"

"예수님을 믿으면 구원을 받게 됩니다. 그러니 걱정하지 마세요."

"할머니, 정말이에요? 그러면 일단 굿을 하기로 약속했으니까 굿을 하고 다음주부터 교회에 나갈게요."

"아니요, 지금 예수님을 믿어야 합니다."

그분은 불안을 감추지 못하고 할머니의 손을 꼭 부여잡았습니다.

"걱정하지 마세요. 내가 제주도에 있을 때 직업이 무당이었다오. 오늘 당장 교회에 갑시다."

수요예배 때 그분이 교회에 나왔는데 진땀을 흘리면서
간절한 모습으로 말씀을 듣던 모습이 지금도 기억납니다.

이렇게 해서 수요예배 때 그분이 교회에 나왔는데 진땀을 흘리면서 간절한 모습으로 말씀을 듣던 모습이 지금도 기억납니다. 그날 그분은 예수님을 마음속에 영접했습니다. 그 순간 그분의 문제는 간단하게 끝났습니다. 나중에는 집사 직분까지 받았는데, 9월이 열 번이나 넘게 지난 지금까지도 행복하게 잘 살고 있습니다.

이사를 잘못해 아들을 잃은 아버지

10여 년 전, 교인도 적고 살림도 그리 넉넉하지 않던 시절에 있었던 일입니다. 교인 중의 한 분이 대문도 두 개나 있는 아주 큰 집에서 싼값에 전세를 내놓았다며 연락을 주셨습니다. 그런데 주인이 이상하게도 돈은 필요 없으니 집만 깨끗하게 쓰라고 하는 것입니다. 저는 속으로 '참 이상한 사람도 다 있구나!' 싶었습니다. 전세 계약서를 쓰는데 성을 보니 김 씨였습니다.

"김 사장님, 예수 믿으십시오."

"허허, 우리는 그런 거 안 믿어요."

"그런 거 말고 예수를 믿으시라는 말입니다."

그랬더니 그 주인이 무시하듯 저를 한 번 힐끗 쳐다보았습니다. 아마 자기는 집주인이고, 저는 세를 사는 사람이라서 '우리는 예수 안 믿어도 잘 산다.'라는 것을 드러내 보이려는 것 같았습니다.

"그래도 예수님을 믿어야 됩니다."

저는 다시 한번 힘주어 말했습니다.

나중에 알고 봤더니 주인이 집을 지어서 모든 공사를 마치고 이사를 들어오기 직전에 점을 치러 점쟁이 집에 갔는데, 점쟁이가 지금 그 집에 들어가면 안 된다고 한 것입니다. 1년 동안 남에게 세를 주고 북쪽으로 이사를 가서 살다가 1년 후에 그 집에 들어가라고 했다는 것입니다.

그 말을 듣고 주인은 북쪽으로 이사를 가서 사는 동안에 우리에게 전세를 놓은 것입니다. 자신들이 곧 들어와서 살게 될 테니 집만 깨끗하게 쓰면 된다는 것이었습니다. 그제야 저는 일의 자초지종을 알게 되었습니다.

북쪽으로 이사를 간지 얼마 되지 않아 주인집 아들이 우리 집 창고에 와서 무언가를 꺼내 가는 것을 보았습니다. 그랬던 그 아들이 이사 간 집에서 자다가 연탄가스에 질식사하고 말았습니다. 갑자기 아들을 잃은 집주인은 너무 놀라 점쟁이를 찾아가서 따졌다고 합니다.

"당신이 북쪽으로 이사를 가라고 해서 이사까지 갔는데 왜 우리 아들이 죽은 거요?"

그런데 그 점쟁이의 말이 걸작입니다.

"북쪽으로 가려면 큰 도로 쪽으로 이사를 가야 하는데 당신이 방향을 잘못 틀어서 다른 동네로 이사를 가서 이런 일이 생긴 것이 아니오!"

이렇게 하나님을 모르는 사람들은 이사만 잘못해도 큰일을 당합니다. 그러나 하나님 자녀는 운명이나 사주팔자에서 완전히 해방되었기 때문에 이사할 날을 잡을 필요가 없습니다. 편한 날을 정해 이사를 하면 되고, 방향에 상관없이 어느 곳에 살아도 괜찮습니다.

"북쪽으로 가려면 큰 도로 쪽으로 이사를 가야 하는데 당신이 방향을 잘못
틀어서 다른 동네로 이사를 가서 이런 일이 생긴 것이 아니오!"

운명이
무엇이기에

사람이 미래의 일이나 사람의 운명에 대해 잘 알아맞히지 못하는 것이 정상입니다. 그러나 간혹 철학가나 역술가, 무속인 가운데 사람의 운명을 잘 알아맞히는 사람이 있습니다. 이들은 자신의 능력이 아니라 다른 힘의 도움을 받아 사람의 운명을 꿰뚫어 보는 것입니다. 다른 힘의 존재를 알지 못하면 자신의 운명에 대해 불안해하거나 점괘에 의존하며 살 수밖에 없습니다.

운명이란?

사람들이 종종 사용하는 운명이라는 말에는 어떤 뜻이 담겨 있을까요? 국어사전은 운명을 '인간을 포함한 모든 것을 지배하는 초인간적인 힘. 또는 그것에 의하여 이미 정해져 있는 목숨이나 처지'라고 정의하고 있습니다. 사람이 태어난 연월일시의 네 간지干支 또는 이에 근거하여 사람의 길흉화복을 알아보는 것을 뜻하는 사주는 운명을 설명하는 하나의 방법입니다. 사람의 생김새나 얼굴 모습을 통해 그 사람의 성격, 수명이나 성공을 판단하는 관상도 운명에 근거해 사람의 미래를 점치는 방법의 하나입니다.

당신은 아마도 태어난 시간에 따라, 얼굴 생김새에 따라 사람의 인생이 결정된다고 하면 인간은 무기력하고 수동적인 존재일 뿐이라는 생각에 운명을 믿지 않을 수도 있습니다. 또 어쩌면 운명을 믿고 싶지 않지만, 당신의 힘으로 감당할 수 없는 여러 사건을 경험하면서 혹시 내 인생의 행로가 정해져 있는 것은 아닐까 하는 의문을 가지기도 할 것입니다. 만약 사람의 인생이 태어나면서부터 정해져 있는 것이라면 이 운명은 누가 가져다준 것일까요? 운명에서 자유롭게 되려면 운명을 잡고 있는 존재를 이해해야 합니다.

눈에 보이는 것만 믿는다!

TV에서 흥미로운 내용이 방영되고 있어 관심 있게 본 적이 있습니다. 버스 손잡이를 현미경으로 비추었는데, 세균이 가득 붙어있는 것이었습니다. 육안으로는 전혀 보이지 않는데 현미경으로 보니 너무나 자세히 보였습니다. 그 장면을 본 후로는 버스를 타도 손잡이를 되도록 잡지 않으려고 합니다.

또 끔찍했던 것이 있는데, 바로 주방에서 쓰는 행주입니다. 행주를 현미경으로 관찰해보았더니 엄청난 세균이 서식하고 있었습니다. 그런 행주로 그릇을 닦고 식탁을 닦는다고 생각하니 갑자기 속이 불편해졌습니다.

인간의 눈에 보이지 않아서 그렇지 실제로 세균이나 미생물이 없는 것이 아닙니다. 마찬가지로 악한 영들이 우리 눈에 보이지 않지만 실제로 존재하지 않는 것이 아닙니다. 당신이 있는 곳에 눈에 보이지 않는 어둠의 세력이 둘러싸고 있고, 그 속에서 당신이 발버둥치고 있다고 생각해보시기 바랍니다. 당신의 힘으로 결코 바꿀 수 없는 운명 가운데 당신이 빠져있다고 말입니다. 어떻습니까?

언제부터인지 TV 프로그램에 귀신을 보거나 영험한 체험을 한 사람들이 자주 등장하고 있습니다. 이와 같은 체험기에 솔깃한 사람도 있는가 하면, 귀신의 존재를 믿는 것이 비과학적이거나 비현실적이라는 이유로 귀신의 존재를 부인하는 사람들도 있습니다. 물론 사탄이나 귀신 같은 영적 부분은 일반 지식과 과학으로 설명하거나 이해할 수 없으며, 사람들이 평소에 잘 인식하지 못하는 면이기도 합니다. 그러나 성경에는 인간의 힘으로 빠져나올 수 없는 운명을 가져다준 장본인에 관해 기록하고 있습니다.

요한계시록 12장 1절에서 9절에 보면 사탄의 세력이 하늘에서 떨어졌다고 기록되어 있습니다.

"큰 용이 내쫓기니 옛 뱀 곧 마귀라고도 하고 사탄이라고도 하며 온 천하를 꾀는 자라 그가 땅으로 내쫓기니 그의 사자들도 그와 함께 내쫓기니라" 요한계시록 12장 9절

성경은 이 옛 뱀이 사탄이라고 분명히 밝히고 있습니다. 인류가 시작되기도 전에 흑암 세력이 존재하고 있었던 것입니다.

인류의 첫 사람인 아담과 하와는 사탄에게 속아 저주 가운데 빠졌습니다. 사탄은 뱀을 이용해서 하와에게 접근했습니다. 뱀을 이용해서 속임수를 쓰니 잘 알 수 없었던 것입니다. 사탄이 눈에 보이게 나타났다면 금방 알아차렸을 텐데, 사탄이 영적 존재라 눈에 보이지 않게 활동하니 눈치채지 못한 것입니다.

하늘에서 쫓겨나 세상으로 내려온 사탄은 아담과 하와를 속이고, 인간을 장악했습니다. 그리고 그때부터 공중의 권세를 잡고는 모든 사람이 세상 풍속을 좇으며 살게 만들었습니다._에 ^{베소서 2장 2절} 세상 풍속이란 운명, 사주팔자, 미신, 굿, 점, 궁합, 토정비결 등을 말합니다. 사탄이 하나님 떠난 모든 사람의 인생 즉 운명을 쥐고 있는 것입니다. 개인을 붙잡은 사탄은 가정으로 파고들어 가정을 무너뜨리고, 가문에 문제를 가져다주었습니다. 사탄의 손에 붙잡힌 가정이 모여 사회를 이루니 정치, 경제, 문화도 사탄에게 소속되고 말았습니다.

사탄은 여러 가지 형태로 사회와 국가를 멸망시키고 있습니다.

유럽과 미국 같은 선진국에는 지식과 과학을 통해 영적 부분을 도외시하도록 만들었습니다. 눈에 보이지 않는 귀신에 관해서 이야기하는 것을 비이성적, 비과학적이라 여기고 오로지 눈에 보이는 것, 증명할 수 있는 것만을 믿게 만들었습니다.

일본에는 가정마다 신줏단지를 모시고 날마다 제사하는 문화를 정착시켰습니다. 일본에서 제작된 아동용 만화의 주인공 대부분이 요정이나 요괴입니다. 귀신이나 악령의 존재를 인정하긴 하지만 귀신을 섬기는 것이 일상생활이 될 정도로 영적으로 혼란스러워졌습니다.

그렇다면 우리나라는 어떻습니까? 현재까지 통계에 따르면 약 100만 명의 무속인이 우리나라에 있습니다. 이 사람들은 귀신을 부르는 능력이 있어서 미래를 맞추기도 합니다. 유명인이 언제 죽을 것인지, 다음 선거에는 누가 대통령이 될 것인지를 예언하기도 하고, 실제로 알아맞힙니다.

무속인뿐 아니라 일반인도 미신과 점술에 매료되어 있습니다. 극장이나 쇼핑몰 등 번화가에 가보면 타로점이나 사주를 보는 노점이 즐비하게 늘어서 있습니다. 젊은 층에서부터 중년층에 이르기까지 다양한 사람들이 점쟁이의 말에 귀를 기울이고 있는 것을 볼 수 있습니다. 그중에는 흥미로 점을 보는 사람도 있겠지만 사람들 대부분은 점괘를 염두에 두고 살아가고 있습니다.

이렇게 사탄은 세상 풍속, 유행, 문화 등을 이용해 개인과 가정과 사회와 국가를 붙잡고 하나님을 만나지 못하도록 속이며 실패시키는 것입니다.

인간은 영적 존재?

서점에 가보면 상담 관련 책이 많고, 상담 관련 학과도 대학마다 점점 증가하고 있으며, 신경정신과에는 많은 사람이 붐빈다고 합니다. 많은 사람이 심각한 영적 고민을 가지고 상담소와 정신과를 찾아가는데 과연 상담이 어느 정도 도움이 될 것인지 의문이 들기도 합니다.

유럽이나 미국 같은 선진국에는 정신적 어려움으로 고통당하고 있는 사람이 너무나 많습니다. 경제적으로 풍족하고, 발전된 문화를 누리며 사는 나라가 그렇지 않은 나라보다 자살률이 높다는 사실을 잘 알고 계실 것입니다. 최근 한국에서 일어난 흉악한 범죄들은 거의 정신 문제를 가진 사람이 저지른 경우가 많습니다. 부모나 자식을 죽이고, 자신을 화나게 했다고 죽이고, 어떤 경우에는 자기 나름의 이유를 만들어 사람을

많은 사람이 심각한 영적 고민을 가지고 상담소와 정신과를 찾아가는데
과연 상담이 어느 정도 도움이 될 것인지 의문이 들기도 합니다.

찾아다니며 죽이기도 합니다. 자기 분노를 조절하지 못해 충동적으로 범죄를 저지르는 사람이 있는가하면 귀에 들리는 어떤 소리를 듣고 사람을 해쳤다고 말하는 이들도 있습니다.

전문가들은 선진국의 자살률이 높은 것이 물질적 풍요로 채울 수 없는 마음의 공허감이나 우울과 불안 때문이라고 분석합니다. 또한 전문가들은 범죄자 대부분의 문제가 어린 시절 부모의 잘못된 양육과 불우한 환경으로 인해 형성된 부적응적인 성격 탓이라고 설명합니다. 일리가 있는 설명이기는 하지만 몇 가지 의문이 생기기도 합니다.

그러면 마음의 공허감과 우울한 기분은 왜 인간에게 찾아올까요? 왜 인간은 물질적 풍요, 신체적 안녕이나 사회적 성공으로 행복을 지속하지 못하고 불안해하는 것일까요? 만일 범죄자를 키운 부모에게 책임이 있다면 그 부모는 왜 자녀를 그렇게 양육할 수밖에 없었을까요? 이 설명을 이어나가려면 부모의 부모로 또 그들의 부모로 거슬러 가야 합니다. 그렇다면 문제의 시작은 어디서부터일까요?

하나님을 떠난 결과

하나님은 세상을 창조하실 때 각각 원리를 부여하여 만드셨습니다. 각종 생물을 만드시면서 물고기는 물속에서, 새는 공중에서, 나무는 땅속에 뿌리를 내리고 살도록 하셨습니다.

그리고 다른 창조물과 달리 인간만 하나님의 형상대로 창조하셨습니다. 그래서 하나님의 형상대로 창조된 인간은 하나님과 함께 있을 때 가장 편안하고 행복한 상태가 됩니다. 하나님은 선악을 알게 하는 나무의 열매는 먹지 말라고 하시면서 "먹는 날에는 반드시 죽으리라"^{창세기 2장 17절}라고 하셨습니다.

그런데 일이 일어나고 말았습니다. 하나님을 만나지 못하면 인간은 행복할 수가 없다는 사실을 잘 알고 있던 사탄이 인간을 실패시키려고 계략을 꾸민 것입니다. 뱀 속에 들어간 사탄은 선악과를 먹으면 죽는 것이 아니라 하나님과 같이 된다고 속였고, 속임수에 넘어간 아담과 하와는 하나님과의 약속을 깨뜨리고 불순종하는 범죄에 빠져버렸습니다. 하나님과 함께 있을 때 행복하게 살 수 있는 인간이 하나님을 떠나게 되어 하나님께로 갈 수 있는 길이 끊어져 버린 것입니다. 이는 마치 갓난아기가 엄마를 잃고 악당에게 붙잡히게 된 것과 같습니다. 하나님과 함께 있어야 할 영혼이 하나님을 떠나게 되어 이때부터 세상에 저주가 들어오기 시작했고 문제가 발생하기 시작한 것입니다. 결국 인간은 하나님을 떠나 사실상 영혼이 죽은 상태가 된 것입니다. 이 사건 이후로 모든 사람은 하나님을 떠난 상태로 태어나 부모 없는 아이처럼 불행하게 살게 되었습니다. 자신의 힘으로 도저히 해결할 수 없는 재앙과 저주에 빠져 살게 된 것입니다. 그래서 이 사건을 영적 죽음 또는 영적 문제라고 말하는 것입니다.

하나님을 떠난 이 세상에는 영적 문제로 인한 6가지 결과가 나타납니다.

첫 번째, 성경은 하나님을 떠난 사람은 마귀에게서 났다고 기록합니다. 요한복음 8장 44절 마귀는 '거짓말쟁이요 거짓의 아비'입니다. 거짓말쟁이에다 사기꾼인 마귀를 아버지로 잘못 알고 있으니 행복할 리가 없습니다. 어떤 이들은 예수님을 믿기 전에 점을 치러 가거나 심한 경우에는 굿을 하기도 했을 것입니다. 악한 마귀가 당신의 의사와 상관없이 당신의 인생을 사로잡았기 때문입니다. 하나님 자녀는 제사를 지내지 않아도 되지만, 불신자들은 제사를 지내지 않으면 문제가 생깁니다. 하나님의 백성이 아니기 때문에 하나님의 대적, 사탄과 귀신에게 잡혀 있는 것입니다. 또한 특정 지역에 더 강하게 역사하는 악한 영들이 있기도 합니다. 하나님 자녀가 그런 지역에 가면 아무 문제가 없는데, 마귀에게 붙잡힌 사람들은 그 지역에 가면 문제가 더 심하게 드러나기도 합니다. 어떤 가정에는 계속해서 같은 문제가 터지기도 합니다. 사고가 자주 나기도 하고, 이름 모를 병이 대물림되기도 합니다. 이것이 영적 문제인데 많은 사람이 잘 모르고 있습니다.

두 번째, 불안이 생기게 됩니다. 불안한 인간은 우상을 만들고, 우상에 의지하고 자신의 인생을 맡깁니다. 문제와 고통 속에서 빠져나오려고 몸부림치며 만든 것이 바로 종교입니다. 자신의 상태가 너무 답답하고 노력으로는 문제가 해결되지 않으니 우상숭배를 하는 것입니다. 나무에 절하고 상을 만들어 절을 하고, 자신의 인생이 불확실하니 점을 보기도 하고 불안한 마음에 조상에게 더욱 정성껏 제사를 지내기도 합니다. 하나님을 만나야 할 인간이 하나님을 만나지 못하고 종교나 우상에 의지하니 행복할 수 없는 것입니다.

불안한 인간은 우상을 만들고, 우상에 의지하고 자신의 인생을 맡깁니다.

한때 매스컴의 유명세를 치렀던 무속인 S씨나 J씨는 기독교 집안에서 태어난 사람이었습니다. 이들이 영적으로 고통당하고 시달리는데 아무도 답을 주지 못했던 모양입니다. 교회에서 제대로 도와주었다면 이들은 무속인이 되지 않았을지도 모릅니다. 제가 이들을 직접 만나본 적이 있습니다. 이들은 무당이 되기 전까지 하루가 멀게 귀신에게 시달렸다고 고백했습니다. 무당이 되는 것은 자신이 원한 것이 아니었으며, 고통에서 벗어나려면 어쩔 수 없이 신을 받아야 했다고 했습니다. 이 사람들은 자신이 하나님을 떠나있다는 것을 알지 못하고, 눈에 보이지 않게 마귀에게 붙잡혀 있다는 사실을 깨닫지 못합니다.

어떤 판사는 새 차를 구입하고 사고가 날까 걱정이 되어 고사를 지내야 했는데, 다른 사람의 시선 때문에 길에서는 차마 하지 못하고 돼지 그림을 그려서 차 안에 붙여놓고는 그 앞에 절을 했다고 합니다. 지식인들도 영적 사건을 알지 못하니 자꾸 어려움을 당합니다. 엄청난 재력을 가진 사람이라도 영적 문제를 피하지 못합니다. 대기업의 대표와 중역들이 흔들리는 것을 보지 않습니까? 그 많은 돈으로도 질병을 이기지 못하고, 마음의 공허함을 채우지 못합니다.

세 번째, 마음의 병이 생깁니다. 마음의 병은 눈에 보이지 않게 들어와 자리를 잡습니다. 예수님은 "수고하고 무거운 짐 진 자들"이라고 말씀하셨습니다.마태복음 11장 28절 어떤 사람의 경우에는 문제가 겉으로 드러나기도 하고, 어떤 사람에게는 눈에 보이지 않게 마음의 병이나 정신 문제로 다가옵니다. 심한 악몽이나 가위에 눌리기도 하고, 불면증으로 잠을 이루지 못하기도 합니다. 환청과 환상에 시달리기도 하고 극도의 불안으로 일상생활을 제대로 하지 못하는 사람도 있습니다.

네 번째, 정신 문제로 말미암아 육신 문제가 따라오기도 합니다. 모든 신체적 질병이 정신적인 데서 오는 것은 아니지만, 반복되는 문제나 갑작스러운 사건 또는 실패를 경험하게 되면 신체가 큰 타격을 받기도 합니다. 이름 모를 병으로 고통당하기도 하고, 우상숭배 하는 집안에 불치병 환자가 많은 것을 자주 보기도 합니다. 그러나 안타깝게도 사람들은 자신이 왜 고통을 당하는지 잘 모르고 있습니다.

다섯 번째, 죽으면 지옥에 가게 됩니다.

"한 번 죽는 것은 사람에게 정해진 것이요 그 후에는 심판이 있으리니"히브리서 9장 27절

마음의 병은 눈에 보이지 않게 들어와 자리를 잡습니다.

사람들은 평생 하나님을 떠나 살다가 죽음을 앞에 두고서야 '아, 이제 내가 죽는구나!'라고 말합니다. 이 얼마나 늦은 깨달음입니까!

여섯 번째, 당신이 가지고 있는 좋은 점과 나쁜 점은 놀랍게도 자녀에게 모두 전달됩니다. 당신은 당신의 부모가 가지고 있는 장점을 그대로 물려받았을 것입니다. 그러나 단점도 물론 그대로 물려받았을 것입니다. 이처럼 우리의 영적 문제와 우상숭배의 결과가 자녀에게 영향을 주게 되어 있습니다. 우상숭배를 하는 것이 인간에게 유익하다면 왜 우상숭배를 하는 부모의 문제가 자녀에게 갑니까? 하나님의 말씀에 분명히 나와 있습니다. 제사는 귀신과 교제하는 것입니다.고린도전서 10장 20절 제사를 받는 자는 귀신이며, 곧 제사를 지내는 것은 귀신을 섬기는 것입니다. 귀신을 섬기는데 어떻게 행복하게 살 수 있겠습니까?

가난한 시각 장애인 바디매오

운명에 빠져있던 한 사람을 소개하려고 합니다. 성경에 누가복음 18장 35절 이하에는 앞을 보지 못하는 거지에 관해 기록하고 있습니다. 마가복음 10장에는 이 사람의 이름이 디매오의 아들 바디매오라고 밝히고 있습니다.

성경은 바디매오를 거지라고 기록하고 있는데, 아들이 거지라는 말은 아버지도 거지라는 의미가 포함되어 있습니다. 아버지가 경제적 능력이 있으면 아들이 시각 장애인이라 하더라도 거지로 살지는 않았을 것입니다. 바디매오는 항상 구걸을 하러 다녔는데, 어느 날 구걸을 하다가 예수님이 오신다는 소식을 전해 들었습니다. 이 소식을 듣고 바디매오는 예수님을 만나야겠다고 생각했습니다. 앞이 보이지 않는데도 예수님이 지나가시는 거리에 나와 자신을 불쌍히 여겨달라고 외쳤습니다. 바디매오는 예수님이 자신의 눈을 뜨게 하실 수 있는 바로 그분임을 믿었던 것입니다. 그의 믿음을 알고 계셨던 예수님은 바디매오의 눈을 뜨게 하신 것은 물론이고 그를 구원해주셨습니다. 한번은 TV에서 방영된 프로그램을 보고 상당히 감동한 적이 있습니다. 두 팔이 없는 일본인 여성에 관한 다큐멘터리였습니다. 두 팔이 없고, 어깨만 남아있는 이 사람은 발가락만으로 모든 일을 했습니다. 발가락으로 밥도 먹고, 바느질도 하고 심지어 글도 썼습니다. 발로 쓰는 것이었지만 필체도 굉장히 좋았습니다. 그리고 다리만을 사용해서 수영도 했습니다. 신체적으로는 불편함이 있을지 몰라도 그 사람의 정신은 그 누구와 비교할 수 없이 활동적이며 힘 있게 느껴졌습니다. 그 사람의 모습을 본 많은 사람이 감동과 도전을 받게 되지 않았을까요?

바디매오는 지금껏 자신의 처지를 어쩔 수 없다고 여기며 살아왔습니다. 아버지는 거지인데다 자신은 앞을 보지 못했기에 다른 사람에게 얻어먹으며 살아야 했고, 그렇게 사는 것 외에 다른 길은 상상하지도 못했습니다. 장애를 가진 많은 사람이 '나는 비정상이며 평범한 사람들과 섞일 수 없다.'라는 심리적 고통에 매여 있는 것을 보았습니다. 사회에서의 대우도 그렇고, 다른 사람들이 그렇게 볼 것이라 짐작하며, 결정적으로는 자기 스스로 그렇게 생각합니다.

하지만 그럴 필요가 없습니다. 바디매오가 어느 날 깨달은 것처럼 당신도 '예수님을 만나야겠다, 예수님이 누구신지 알아야겠다.'라는 생각이 든다면 바로 이때가 기회입니다.

바디매오는 앞을 보지 못하는 운명에 빠져있었습니다. 바디매오가 운명에서 벗어나지 않는 한 새로운 삶을 살 수 없었습니다. 예수를 믿는다는 것은 운명을 바꾸는 일이며 마귀의 자녀에서 하나님 자녀로 신분이 변화되는 것입니다. 앞을 보지 못하는 이 사람은 운명이 바뀌지 않는 한 죽을 때까지 앞을 보지 못한 채 살아야 합니다.

운명이 바뀌지 않고는 이 어둡고 악한 세상을 이길 수 없습니다. 과거에 노예 제도가 있었습니다. 노예라는 신분을 가지고 태어나면 아무리 똑똑하고, 열심히 일을 해도 노예입니다. 교도소 안에 갇힌 사람은 아무리 이전에 권력과 지식과 명예를 가졌다 해도 죄수입니다. 절도범을 따라다니면 아무리 양심껏 살아도 불량배인 것입니다. 그 무리에서 빠져나와야 합니다.

바디매오와 마찬가지로 모든 사람이 눈에 보이지 않는 사탄의 권세 아래 있습니다. 성경은 사탄을 '너희 아비'라고 했습니다. 여기에서 빠져나와야 합니다. 악한 자에게 소속되어 있는데 어찌 고통이 없겠습니까!

아무리 돈을 벌고 성공해도 운명에서 빠져나오지는 못합니다. 무속인이 점을 치는 것이 영 터무니없는 일은 아닙니다. 하

앞을 보지 못하는 이 사람은 운명이 바뀌지 않는 한 죽을 때까지
앞을 보지 못한 채 살아야 합니다.

나님을 떠난 사람의 운명이 마귀의 손에 있기 때문에 하나님을 만나지 못한 사람이 점을 치면 점괘가 나옵니다. 하나님을 만나지 못한 사람은 운명에 빠져있기 때문입니다. 생년월일을 가지고 사주팔자를 보는 것이 틀린 것이 아닙니다. 통계적인 자료로 운명을 맞출 수도 있습니다. 그렇지만 미래를 알아봄으로써 당장 어려움을 모면하는 것 같아도 곧 더 큰 어려움이 옵니다. 빚을 갚기 위해 사채를 빌려 쓰면 당장은 해결되는 것 같지만 나중에 더 큰 빚이 생기게 되는 것과 같은 원리입니다.

물론 처음부터 문제투성이인 사람도 있어서 정신 문제, 자녀 문제 등으로 고통스러운 나날을 보내기도 합니다. 반면에 잘 살다가 인생 중반 이후에 문제가 와서 실패하는 사람도 있습니다. 유명한 어느 병원의 원장은 성공했지만, 시간이 갈수록 어려워졌습니다. 그러면 어느 날, 이 사람이 친구들과 만나서 휴가를 즐기다가 화재가 나서 너무도 허무하게 죽고 말았습니다. 명예와 그 많은 재산을 그대로 둔 채 말입니다. 또 어떤 이는 상당한 돈을 벌고 국회에 진출하려고 했는데 갑자기 가문이 파산하고 영적 어려움에 봉착하게 되었습니다. 고통을 견디다 못해 그 사람은 중풍에 걸려 쓰러졌습니다. 성경에는 하나님을 떠난 사람이 성공하는 것처럼 보여도 결국 무너진다고 기록되어 있습니다.잠언 18장 4절

저는 몇 년째 무속인들에게 편지를 보내고 있습니다. 운명을 바꾸지 않는 이상 악령에게 시달려서 무속인 생활을 계속해야 하며, 운명을 바꾸지 않는 한 자녀에게까지 그 문제가 그대로 전달된다는 내용의 편지였습니다. 하나님을 떠난 자의 상태와 인간에게 운명을 가져다준 장본인인 사탄에 관해 성경만큼 정확하게 밝히는 곳은 없습니다.

과연 운명에서
빠져나올 수 있는가?

하나님은 인간이 하나님을 떠나 운명 가운데 살도록 그대로
두셨을까요? 그렇지 않습니다. 하나님은 당신이 불행하게 사
는 것을 원치 않으시며, 당신 가문이 멸망하기를 원치 않으십
니다. 당신의 힘으로 하나님을 만나지 못하는 것을 아시고 하
나님이 직접 사탄과 죄, 저주에서 빠져나오는 길을 열어 주셨
습니다. 그 길이 바로 예수 그리스도입니다.

당신이 운명에서 해방되기 위해서는 그리스도라는 말의 의
미를 알아야 합니다.

그리스도는 '기름 부음 받은 자'라는 뜻입니다. 성경에 보면 구약시대에는 제사장, 선지자, 왕을 임명할 때 머리에 기름을 부었습니다. 그러면 예수님이 그리스도라는 말은 무슨 의미일까요? 예수님이 제사장, 선지자, 왕의 직분을 모두 맡으셨다는 의미가 됩니다.

이 3가지 직분에 대해 간단하게 설명해 드리겠습니다.

제사장은 사람들의 죄를 하나님께 가지고 가서 예배하는 사람입니다. 참 제사장이신 예수님이 당신의 운명, 저주와 재앙의 문제를 모두 해결하셨습니다.

선지자는 하나님을 만나도록 알려주는 사람입니다. 예수님이 참 선지자로 오셔서 하나님 만나는 길이 되어 주셨습니다.

왕은 권세를 가지고 다스리는 사람을 말합니다. 예수님이 참 왕으로 오셔서 사탄의 권세를 꺾으셨습니다. 이 사실을 알고 영접하는 자 곧 그 이름을 믿는 자들에게는 하나님의 자녀가 되는 권세를 주셨습니다. 요한복음 1장 12절

인생의 모든 문제를 해결하러 이 땅에 오신 예수 그리스도를 몰라서 많은 사람이 영적 어려움을 당하고 있습니다. 설령 교회에 다닌다고 해도 예수 그리스도를 모르면 계속되는 갈등과

어려움을 이겨내지 못할 것입니다.

하나님을 떠나 사탄에게 붙잡혀 있는 인간은 결코 영적 어려움을 스스로 해결하지 못합니다. 아무리 훌륭한 인격을 갖춘 사람이라 해도 인간을 운명에서 해방시키지는 못합니다. 사람의 노력과 힘으로, 사람의 혈통으로는 이와 같은 일이 불가능하기 때문에 하나님께서 길을 열어 주신 것입니다.

"처녀가 잉태하여 아들을 낳을 것이요 그 이름을 임마누엘이라 하리라"이사야 7장 14절

"보라 처녀가 잉태하여 아들을 낳을 것이요 그 이름은 임마누엘이라 하리라 하셨으니 이를 번역한즉 하나님이 우리와 함께 계시다 함이라"마태복음 1장 23절

성경을 보면 하나님의 '긍휼'이라는 표현을 볼 수 있습니다. 하나님의 긍휼이란 하나님이 하나님을 떠난 인간에게 베풀어 주신 사랑입니다. 일을 하고 나서 그 대가로 사랑받는 것이 아니라 거저 받는 것입니다.로마서 9장 15~16절 구원은 물질이나 세

상의 그 어떤 것으로도 얻을 수 없습니다. 오직 하나님의 긍휼로 구원받을 수 있습니다.

"우리가 아직 죄인 되었을 때에 그리스도께서 우리를 위하여 죽으심으로 하나님께서 우리에게 대한 자기의 사랑을 확증하셨느니라"로마서 5장 8절

운명에서 해방되다

바디매오가 예수님을 만나기 전에는 앞을 보지 못하는 거지로 살아야 할 운명이었지만 예수 그리스도를 만난 후로는 하나님 자녀가 되었습니다. 앞을 보지 못하던 바디매오가 예수님을 만나는 순간, 운명에서 해방된 것입니다.

성경에는 이를 보고 "죄와 사망의 법에서 너를 해방하였음이니라"로마서 8장 2절라고, "마귀에게 눌린 자를 고치셨다."사도행전 10장 38절라고 기록되어 있습니다. 운명에서 벗어난다는 것은 이 세상에서 가장 큰 복이라고 해도 지나친 말이 아닙니다. 그렇다면 운명에서 어떻게 나올 수 있을까요?

앞을 보지 못하던 바디매오는 예수님을 만나는 순간, 운명에서 해방되었습니다.

"보라 지금은 은혜 받을 만한 때요 보라 지금은 구원의 날이
로다"고린도후서 6장 2절

기회를 놓치지 마십시오. 구원을 받을 때가 있습니다. 당신
은 바로 지금 예수 그리스도를 만날 수 있으며, 기도응답을 받
을 수 있습니다. 바디매오는 복음을 바르게 깨달았습니다. 다
른 사람은 다 고쳐주면서 왜 자신은 고쳐주지 않느냐고 원망하
지 않았습니다. 눈을 뜨게 해 달라고도 하지 않았고, 단지 "다
윗의 자손 예수여"라고 외쳤습니다. 다윗의 자손 예수라는 고
백은 "예수님이 사탄의 유혹에 속아 죄를 지어 하나님을 떠난
인간의 문제를 해결하신 그리스도"라는 뜻입니다. 예수님이
구약에 예언된 그리스도라는 사실을 안 것입니다.

"다윗의 자손 예수여 나를 불쌍히 여기소서."

어찌 하나님이 이 기도에 응답하지 않겠습니까!

이 외침을 듣고 예수님은 걸음을 멈추고 바디매오를 부르셨
습니다. 주위에 있던 사람들은 시끄럽다며 면박을 주었지만,
예수님은 바디매오를 데리고 오라고 하셨습니다.

예수님이 당신을 부르시면 모든 문제가 해결됩니다. 하나님이

당신에게 복을 주시면 이제 아무것도 문제 될 것이 없습니다.

지금 예수님이 당신에게 물으십니다.

"네게 무엇을 하여 주기를 원하느냐" 누가복음 18장 41절

당신은 이 책을 읽으면서 예수 그리스도가 죄와 저주로 인한 어려움과 고통에서 빠져나오는 유일한 길이라는 사실을 처음 들어보았을 수도 있습니다. 그동안 당신은 예수가 어떤 분이신지 알지 못하고, 운명 가운데 빠져있지는 않습니까? 교회에 다니면서도 영적으로 시달리고, 기도해도 응답이 오지 않아 정말 하나님 자녀가 맞는지 고민하고 계시지는 않습니까?

자신에게 질문해 보기 바랍니다. 갈등과 고민이 계속되고, 계속해서 일이 풀리지 않고 어려움이 끊이지 않는데도 어쩔 수 없이 괜찮은 척하고 있지는 않습니까? 하나님 앞에서 진실하게 자신을 돌아볼 수 있기를 바랍니다.

지금 이 시간 진실하게, 예수님이 당신의 죄와 저주를 해결하시고, 하나님 만나는 길이 되시며, 사탄 권세를 이기신 분이

갈등과 고민이 계속되고, 계속해서 일이 풀리지 않고
어려움이 끊이지 않는데도 어쩔 수 없이 괜찮은 척하고 있지는 않습니까?

그리스도라는 사실을 믿고 예수님을 그리스도로 당신의 마음 속에 영접하시기 바랍니다. 그때부터 당신은 운명에서 **빠져나** 오게 됩니다.

"네가 만일 네 입으로 예수를 주로 시인하며 또 하나님께서 그를 죽은 자 가운데서 살리신 것을 네 마음에 믿으면 구원을 받으리라 사람이 마음으로 믿어 의에 이르고 입으로 시인하여 구원에 이르느니라"로마서 10장 9~10절

"영접하는 자 곧 그 이름을 믿는 자들에게는 하나님의 자녀 가 되는 권세를 주셨으니"요한복음 1장 12절

"볼지어다 내가 문밖에 서서 두드리노니 누구든지 내 음성 을 듣고 문을 열면 내가 그에게로 들어가 그와 더불어 먹고 그 는 나와 더불어 먹으리라"요한계시록 3장 20절

당신의 모든 문제를 해결하신 예수 그리스도께서 지금 당신 의 마음 문을 두드리고 계십니다. 예수님을 그리스도로 고백할

때 당신은 하나님 자녀가 됩니다. 다음의 기도를 따라 하면 됩니다.

"하나님 감사합니다. 지금까지 저는 하나님을 떠나 소망 없이 인생을 살아왔습니다. 저는 스스로 어찌할 수 없는 운명 가운데 빠져있었습니다. 이런 저를 위해 십자가에서 죽으시고 부활하신 예수님이 하나님의 아들이신 그리스도라는 사실을 믿습니다. 지금 제 마음의 문을 열고 예수님을 구주로, 제 삶의 주인으로 영접합니다. 지금 제 속에 오셔서 저를 다스려 주옵소서. 성령으로 제 삶 속에 역사하여 주옵소서. 하나님 자녀가 된 것에 감사드립니다. 살아계신 예수 그리스도 이름으로 기도합니다. 아멘"

예수 그리스도는 지금 어디에 계십니까?

당신은 예수 그리스도를 믿는 순간에 하나님 자녀가 되었으며, 하나님의 영인 성령이 당신의 '마음속에' 계십니다. 간혹 예수를 믿는다고 바로 구원받는 것은 아니며, 예수를 믿는 것만으로는 구원받을 수 없다고 말하는 종교가 있습니다. 하지만 성경은 그렇게 말씀하지 않습니다. 노력으로 구원받는다는 생각은 큰 착각입니다. 하나님 자녀가 되어 예배를 드리고, 헌금을 하고, 봉사를 하는 것은 좋은 일입니다. 하지만 이런 것은 하나님이 구원의 길을 열어 주신 은혜에 감사하는 표현이지 구원의 조건은 아닙니다. 당신은 하나님 자녀가 되었기에 기도하기만 하면 하나님이 역사하실 것입니다.

예수 그리스도의 이름을 믿기만 하면 운명과 저주와 죄에서 완전히 해방됩니다. 그런데 많은 사람이 이 사실을 모르고 속고 있습니다. 종교는 우상을 섬기는 것이며 복음은 하나님 자녀가 되는 것입니다. 왕이 사는 집은 왕궁이며 성령이 계신 곳은 성전입니다. 예수님을 마음속에 영접한 자는 성령이 그 안에 계시기에 하나님의 성전입니다. 따라서 예수님을 믿으면 영원히 멸망 받지 않습니다. 또한 지옥에 갈 수도 없습니다. 이 놀라운 축복을 받았기에 절대로 실패할 수가 없습니다.

하나님 자녀가 된 당신에게는 다음과 같은 축복이 따라옵니다.

하나님은 눈에 보이지 않게 당신과 함께 계십니다.^{고린도전서 3장 16절} 하나님은 당신의 모든 삶을 인도하실 것입니다.^{요한복음 14장 26절} 모든 것을 아시고, 모든 것을 하실 수 있는 하나님이 당신을 인도하시니 이보다 큰 복이 어디 있겠습니까! 하나님 자녀가 된 당신은 이제 혼자만의 조용한 시간을 가지면서 하나님의 영인 성령의 충만함을 달라고 기도할 수 있습니다.^{사도행전 1장 8절} 하나님이 주시는 힘과 능력으로 인생을 사는 것만큼 든든한 일은 없습니다.

하나님 자녀가 되면 그에 맞는 권세가 자연스럽게 따라옵니다. 하나님은 지금껏 당신을 운명 가운데 가두었던 어둠의 세력, 당신을 실패시켰던 악한 세력을 이길 수 있는 권세를 주셨습니다.누가복음 10장 19절 또한 우리가 있는 모든 현장에 하나님이 주의 천사를 보내어 응답의 문을 열어 주십니다.^{히브리서 1장 14절} 이는 국왕이나 대통령의 일정에 따라 비서와 경호원이 미리 가서 준비하는 것과 같은 원리입니다. 또한 하나님은 하나님 자녀에게 하늘의 시민권을 주셨습니다. 이는 곧 하나님의 인도와 보호를 이 땅에서도 누릴 수 있다는 말입니다.^{빌립보서 3장 20절}

구원의 길 되신 예수 그리스도를 알지 못해 운명과 저주 가운데서 고통당하고, 가문 문제와 가정 문제, 신체적 질병이나 정신적 어려움을 겪고 있는 사람이 세상에는 너무나 많습니다.

하나님 자녀가 된 당신은 이제 다른 사람을 도울 수 있습니다. 당신의 관심이 이 사람들에게 있다면 하나님은 갈급한 사람을 만나게 하실 것이며, 당신을 통해 또 다른 사람이 생명을 얻도록 하실 것입니다. 마태복음 28장 20절

당신은 예수 그리스도를 믿는 순간에 하나님 자녀가 되었으며,
하나님의 영인 성령이 당신의 '마음속에' 계십니다.

운명에서 생명으로

앞에서 만나보았던 바디매오에 관해 좀 더 이야기하면서 이 장을 열고자 합니다.

바디매오의 인생이 변하게 된 것은 하나님의 은혜입니다. 복음을 듣고 믿음을 선택하여 예수 그리스도를 영접하는 순간 운명에서 빠져나올 수 있습니다. 하지만 우리 앞에는 여전히 문제와 어려움이 놓여있을 수 있습니다. 그래서 생각을 잘하지 않으면 속을 수도 있습니다. 이미 운명에서 빠져나왔는데도 여전히 그 안에 있는 것처럼 생각하고 지낼 수 있습니다. 하나님

왕자가 자기의 신분을 잊어버리고 허드렛일을 하고 있다면
얼마나 어리석은 일입니까?

은 당신을 운명에서 완전히 해방시키셨습니다.

아버지가 빚을 다 갚았는데 아들이 빚쟁이에게 가서 빚을 갚겠다고 하는 것보다 바보 같은 일은 없을 것입니다. 왕자가 자기의 신분을 잊어버리고 허드렛일을 하고 있다면 얼마나 어리석은 일입니까? 하나님이 당신을 사탄 권세에서 완전히 불러냈기 때문에 더는 마귀의 심부름을 할 필요가 없습니다.

지금 이 시간에 하나님은 당신의 가정과 일에 역사하실 수 있습니다. 당신이 지금 어딘가에 앉아서 이 책을 읽고 있는 순간에도 성령께서는 시간과 공간을 초월하여 역사하십니다.

또한 하나님은 당신의 형편을 잘 알고 계십니다. 주변에 당신을 도와줄 배경이 없고, 스스로 능력이 부족하다고 생각하며 실망하고 계십니까? 혹 경제적 어려움을 겪고 계십니까? 직장 문제, 건강 문제로 고민하고 계십니까? 하나님이 잠깐이라도 당신에게 복을 주시면 세상의 어떤 배경을 가진 사람과도 비교할 수 없는 결과가 나타날 것입니다. 예수 그리스도를 만나면 당신의 인생과 운명이 바뀔 것입니다. 하나님의 긍휼을 입고 하나님의 은혜를 받으면 당신은 살아날 것입니다.

기억할 것

신앙생활을 하면 할수록 깨닫게 되는 것이 있습니다. 신앙생활을 한다는 것은 구원받은 것에 감사하며 구원의 축복을 누리는 것인 동시에 영적 싸움을 하는 것입니다. 바울은 복음을 깨닫고 "우리의 싸움은 혈과 육의 싸움이 아니다."라고 말했습니다. 개인이 가진 문제는 사실 알고 보면 하나님을 떠난 영적 문제에서 시작된 것입니다. 가정과 사회 문제도 하나님을 떠나 생겨난 문제입니다.

영적 싸움이라는 말은 무슨 뜻입니까? 영적 존재인 사탄과의 싸움입니다. 신앙생활에 승리하는 방법은 우리의 대적인 사탄과 싸우는 것뿐입니다.

저는 부산의 한 지역에서 목회를 준비하면서 새벽 기도를 하기 시작했습니다. 정해진 기도제목을 가지고 항상 기도하고, 끝부분에는 그날 특별히 기도 부탁을 받은 것이나 생각나는 사람을 위해 기도를 했습니다. 매일 기도한 제목은 지역을 장악하고 있는 어둠의 세력, 실패의 세력을 꺾어달라는 것이었습니다. 이 제목을 가지고 계속해서 기도했습니다. 하나님이 교회를 통해 사탄의 세력을 꺾으시는 증거가 나타나기 시작했습니다. 승

려가 복음을 듣고 영접하는 일이 생기기도 했습니다.

세상은 거짓투성이입니다. 사람들은 말을 지어내 다른 사람을 속이기도 하고, 궁지에 몰아넣기도 하며 이용하기도 합니다. 거짓말이 어디서 나왔는가를 성경은 말하고 있습니다. 거짓은 성경의 창세기 3장에서 출발했는데, 아담과 하와를 넘어뜨린 사탄이 그 장본인입니다. 사탄은 거짓말을 해서 헛된 희망을 심었습니다. 사기꾼들의 말을 들으면 희망이 생기는 것과도 같습니다. 사기꾼은 일확천금을 벌고 부자가 될 것이라는 가짜 희망을 심습니다. 사탄은 인간에게 선악과를 먹으면 하나님처럼 되어 눈이 번쩍 뜨일 것이라는 거짓 희망을 심었습니다. 사탄은 이렇게 거짓말을 잘합니다. 문화와 종교로 세상의 유행을 이끌고, 사람들의 마음을 사로잡고 있기 때문에 사람들은 너무나도 쉽게 사탄에게 속는 것입니다.

그래서 사람들은 영적 지식 없이 정치를 하고, 학문을 하며, 예술을 하는 것입니다. 성경은 사탄을 "정사와 권세, 어두움의 세상 주관자들"이라 표현하고 있으며 "하늘에 있는 악의 영들"이라고 했습니다.에베소서 6장 12절

우리의 싸움은 정사와 권세 가진 자를 붙잡고 있는 하늘에

있는 악한 영들, 어두운 세계를 붙잡고 있는 사탄과의 싸움입니다.

마귀는 당신이 하나님의 은혜 받는 것을 가장 싫어합니다. 그래서 은혜받지 못하도록 속임수를 쓸 것입니다. 거짓말을 해서라도 은혜를 받지 못하도록 만들 것입니다. 그 말은 당신이 하나님의 은혜를 받아야 살 수 있다는 뜻도 됩니다. 하나님은 염려를 모두 맡겨버리라고 하셨습니다.^{베드로전서 5장 7~8절} 염려는 사탄이 들어오는 통로입니다. 사탄은 거짓말로 하나님 자녀를 속이고 염려하게 만들어서 은혜받는 것을 방해할 것입니다.

나의 영적 고민과 갈등 다루기

'내 문제는 어디서부터 시작된 것일까, 문제를 어떻게 해결할 수 있을까?'

이런 고민을 하고 있지는 않나요?

앞에서 말씀드린 것처럼 모든 문제는 영적인 것에서부터 시작된 것입니다. 하나님 자녀가 된 당신에게 이전에 없었던 고민과 갈등이 생길 수도 있습니다. 이것을 이기려면 예수 그리스도 이름으로 기도하면 됩니다. 베드로가 "은과 금은 내게 없거니와 내게 있는 이것을 네게 주노니 나사렛 예수 그리스도의 이름으로 걸으라!"라고 선포했을 때 앉은뱅이가 일어났습니다. 이처럼 당신이 예수 그리스도를 믿는 순간 문제가 즉시 해결되기도 합니다. 경력 20년인 한 의사는 만성 두통을 겪고 있었는데 예수님을 영접하는 순간 깨끗이 나았다고 고백하기도 했습니다.

그러나 대부분은 점진적으로 변화가 일어납니다. 예수 그리스도의 이름은 하나님을 떠난 우리가 구원 얻을 수 있는 유일한 이름입니다. 다른 이름을 우리에게 주신 적이 없다고 말씀하셨습니다. 예수 그리스도의 이름으로 순간순간 기도해 보시기 바랍니다. 예수님이 "내 이름으로 무엇이든지 내게 구하면 내가 행하리라"_{요한복음 14장 14절}라고 하셨습니다. 기도할 때 하나님이 시행하신다고 약속하셨습니다. 또한 예수님이 내 이름으로 기도하면 무엇이든지 얻을 것이라고 말씀하셨습니다._{요한복음 16장 24절}

예수 그리스도 이름으로 기도하십시오. 당신이 가지고 있는 영적 어려움과 연약함을 인정한다면 하나님이 모든 것을 해결해주실 것입니다.

한 선교사님이 예수님을 전혀 모르는 원주민 지역에 들어갔습니다. 그 지역 추장의 아들이 복음을 듣고 예수님을 영접하게 되었는데, 그 아들이 길을 가던 중 갑작스럽게 쓰러졌습니다. 아이를 업고 병원에 달려갔지만 이미 늦었다며 아이를 받아주지 않았습니다. 화가 난 추장은 자기 아들에게 이상한 말을 해서 예수인지 뭔지를 믿게 해 이렇게 죽게 되었다며 선교사에게 책임을 지라고 소리쳤습니다. 선교사님은 그 아이 손을 붙잡고 마음속으로 기도를 했다고 합니다.

'이 아이를 괴롭히는 사탄아, 예수 이름으로 떠나가라!'

그때 갑자기 아이의 손이 움직이기 시작했습니다. 예수 그리스도의 이름으로 흑암 세력이 무너진 것입니다.

당신의 삶에 문제가 생기기도 하고, 환경적 어려움이 올 때도 있습니다. 사탄은 개인의 갈등, 고민, 환경을 이용해 당신이 하나님 자녀인 것을 잊고 걱정하며 살도록 합니다. 갈등과 고민이 있고, 어려운 환경에 처하게 된다면 예수 그리스도의 이름으로 기도하시기 바랍니다. 간단한 기도이지만 역사는 크게 일어날 것입니다.

어떻게 기도응답을 받을까?

집회 일정이 빠듯해 여가시간을 가질 틈도 없는데, 한번은 미국에서 공부하는 딸 아이가 전화해 미국에 와달라고 했습니다. 일정을 조절해 딸을 만나러 미국에 갔는데, 새 컴퓨터를 샀으니 용돈을 달라는 것이었습니다. 그래서 아무 조건 없이 딸에게 용돈을 주었습니다. 이것이 자녀의 권세입니다. 하나님 자녀는 하나님께 기도할 수 있습니다. 하나님은 하나님 자녀의 기도를 들으시고 응답하신다고 하셨습니다.

그렇다면 지금부터 어떻게 기도해야 응답받을 수 있을까요? 기도의 시작, 기도의 내용 그리고 기도의 방법이 아주 중요합니다. 이것은 그리 어렵지 않습니다.

혼자 있을 때 시간을 따로 내어 기도하는 것을 '정시 기도'라고 합니다. 정시 기도의 축복을 누리려면 먼저 자신의 신분을 확인해야 합니다.

하나님의 영인 성령이 눈에 보이지 않게 우리와 함께 계시기에 성령의 인도를 받게 해 달라고 기도하면 됩니다. 또 성령의 충만함을 달라고 기도하면 됩니다.

하나님 자녀인 당신은 예수 그리스도 이름의 권세를 사용할 수 있습니다. 흑암의 모든 권세를 결박시킬 수 있는 축복을 받았습니다.

"우리의 자녀, 우리의 집, 우리의 교회, 대한민국의 흑암 세력은 예수 그리스도의 이름으로 결박해 주옵소서. 우리나라의 경제와 정치계를 사로잡는 사탄의 세력은 예수 그리스도의 이름으로 무너지게 하옵소서. 우리의 자녀를 붙잡고 있는 사탄의 세력은 주 예수의 이름으로 무너질지어다." 이렇게 기도하면 됩니다.

하나님은 우리가 있는 모든 현장에 주의 천사를 보내어 응답의 문을 열어 주십니다. "하나님, 제가 가는 곳에 주의 천사를 먼저 보내셔서 하나님의 뜻이 이루어지게 하옵소서."라고 기도할 수 있습니다.

이제 당신이 "구원받을 사람과 하나님이 주신 사명을 가지고 복음 전할 사람을 만나게 해 주옵소서."라고 기도하면 하나님은 분명히 갈급한 사람과 준비된 제자를 만나게 하실 것입니다.

하나님은 당신의 자녀에게 하늘의 시민권을 주셨습니다. 예수님을 믿으면 죽어서 천국에 가는 것은 물론이고 이 땅에 사는 동안 하나님이 주신 복을 누리며 살 수 있습니다. "하늘의 복을 이 땅에서도 누리게 하옵소서."라고 기도하면 됩니다.

이것이 바로 혼자 있을 때 드리는 기도입니다. 가는 곳마다 이 기도를 해 보십시오.

또한 세상에 초점을 맞추어 기도할 때 응답을 받게 됩니다. 가는 곳마다 창세기 3장의 세력이 무너지기를 기도하면 됩니다.

현장에 있는 많은 사람은 하나님을 떠나 영적으로 죽은 상태이며 사탄의 지배를 받게 되었습니다. 그 결과 우상을 섬기며 점, 굿, 사주팔자와 운명에 빠져 살게 되었습니다. 이들을 두고 "사람들을 속여 우상을 숭배하게 하는 흑암 세력이 무너지게 하옵소서."라고 기도하면 됩니다. 우상을 숭배하다 보니 많은 사람이 정신적으로 큰 고통을 당하고 있습니다. 이제 "제가 가는 곳마다 모든 영적 문제가 치료되게 하옵소서."라고 기도하면 됩니다. 정신 문제가 해결되지 않으면 육신의 병이 들게 됩니다. 이때는 "가는 곳마다 육신의 모든 질병이 떠나가게 하옵소서."라고 기도하시기 바랍니다. 심지어 이 모든 문제를 우리의 후대에 영적 유산으로 고스란히 물려주지 않도록 "가문 대대로 내려오는 영적 문제와 저주 세력이 예수의 이름으로 무너지게 하옵소서."라고 기도하시길 바랍니다.

이 기도가 필요한 이유는 하나님을 모르는 사람들의 영적 상태를 알고 바꾸기 위함입니다. 당신이 운명에 빠져있을 때의 모습이기도 합니다. 하지만 이 내용은 운명에서 해방받은 당신이 날마다 기도할 제목이 되기도 합니다. 혼자 있을 때 하나님 자녀의 축복을 누리며, 많은 사람이 고통 속에서 방황하는 이유를 알고 기도로 승리할 수 있어야 합니다.

그렇다면 어떤 방법으로 기도해야 할까요?

24시간 응답을 받는 방법이 있습니다. 만약 자동차를 사서 이름을 등록하면 설령 자동차를 타고 다니지 않는다해도 그 자동차는 등록한 사람의 것입니다. 만약 언약을 굳게 붙잡으면 24시간 응답의 문이 열리고 하나님의 축복을 받았다는 사실을 알게 될 것입니다. 자신이 하나님 자녀라는 사실을 알게 될 것입니다. 이것이 축복이요 언약입니다.

이 사실만 알면 평생 응답받을 수 있습니다. 이 기도를 하는 가장 좋은 시간이 정시기도 시간입니다. 모든 삶을, 심지어 성공과 실패까지도 기도로 연결시키는 것을 무시기도라고 합니다. 사람을 만날 때나 식사할 때, 기도하다가 예상치도 못한 중요한 일이 벌어지기도 합니다. 또한 집중적으로 기도하면 하나님이 기적의 문을 여십니다. 기도 중에서 가장 빠른 기도는 대화기도입니다. 하나님과 대화하시기 바랍니다. 이때 양심에 하나님의 음성이 들릴 것입니다. 어려운 일이 생기거나 인간관계에 어려움을 느낀다면 하나님께 질문해 보시기 바랍니다. 하나님이 양심에 대답해 주실 것입니다. 살다 보면 큰 어려움이 올 때도 있습니다. 이때 하나님과 대화를 해 보세요. 이것이 바로 하나님 자녀가 누릴 권세입니다.

당신은 놀라운 응답을 끊임없이 받게 될 것입니다. 하나님이 주신 약속을 붙잡고 기도하는 중에 응답을 받아 전 세계에 하나님의 능력을 설명하는 사람이 되시길 바랍니다.

운명을
바꾼
선택

당신은 예수 그리스도 안에서 하나님이 주신
최고의 선물인 구원을 받아 새로운 생명을 얻었습니다.

만일 이 소책자가 당신에게 유익이 되셨다면
다른 분에게 읽어 주거나 전달해 주시기 바랍니다.

또한 당신이 원한다면 지속적으로 신앙의 도움을 받을 수 있습니다.
예배에 참석하거나 일주일에 한 번 원하는 시간에
성경 공부를 하고 싶지 않으세요?

아래의 연락처로 문의하시면 도와드리겠습니다.

교회

이름

전화번호

이메일

운명을 바꾼 선택

초판 1쇄 2006년 11월 3일
초판 32쇄 2023년 10월 16일

저   자 | 류광수 목사
발행처 | 사단법인 세계복음화전도협회 / 도서출판 생명
주   소 | 서울시 강서구 강서로 56길 84(237센터)
　　　　 www.weea.kr